Theo von Taane

FUNCRAFT
Das inoffizielle Quizbuch für Minecraft Fans

KEIN OFFIZIELLES MINECRAFT-PRODUKT. NICHT VON MOJANG GENEHMIGT ODER MIT MOJANG VERBUNDEN.

Zwischen Autor dieses Buches und den Machern von Minecraft oder einer seiner Tochterunternehmen besteht keinerlei Verbindung. Dieses Buch ist durch Minecraft oder eine seiner Tochterunternehmen weder genehmigt, noch unterstützt und auch nicht mit diesen Parteien in irgendeiner Weise verbunden.

Bibliografische Information der Deutschen Nationalbibliothek:
Die Deutsche Nationalbibliothek verzeichnet diese Publikation in der Deutschen Nationalbibliografie; detaillierte bibliografische
Daten sind im Internet über http://dnb.dnb.de abrufbar.

© 2017 Theo von Taane; 4. Auflage
Buchtexte und Covergrafik: © 2017 Theo von Taane

Herstellung und Verlag: BoD – Books on Demand, Norderstedt

ISBN: 9783741291203

Quizkategorien　　　　　Seite

Schnitzeljagd im Nether　　　4

Neues aus der Gruft　　　9

Abgedreht im Gameplay　　　15

Es war einmal im Minecraftland　　　21

Minecraft Geheimnisse gelüftet　　　26

Wir craften...Stein auf Stein　　　32

Monstermäßig gut drauf　　　37

Enderman macht Männchen　　　43

Wither! Drei Böse in einem!　　　48

Erst craften dann essen　　　53

Lösungen　　　58

Schnitzeljagd im Nether

1. Im Nether fließt die Lava wie weit?

○ 2 Blöcke weit

○ 4 Blöcke weit

○ 7 Blöcke weit

○ 14 Blöcke weit

—

2. Was würde passieren, wenn du ein 4x5 Obsidian Rechteck baust und ein Feuer in der Mitte entzündest?

○ Das Rechteck verwandelt sich in ein Creeper spawner

○ Das Rechteck würde explodieren und ein gezähmter Wolf würde erscheinen

○ Nether Portale würden das Rechteck füllen

○ Pilz Insel Portale würden das Rechteck füllen

—

3. Welches ist die geringste Anzahl von Obsidian Blöcken, die du brauchst um ein Nether Portal zu bauen?

○ 15

○ 12

○ 14

○ 10

4. Von welchen Kreaturen im Nether kannst du die Feuerbälle ablenken?

○ Enderman

○ Ghast

○ Magma Cube

○ Wither

—

5. Du läufst durch den Nether und plötzlich erreichst du eher niedrigere, rötlich braune Türme. Offenbar sind sie aus Blöcken gebaut. Wie nennt man das Gebilde?

○ Lohe Türme

○ Nether Schloss

○ Nether Festung

○ Ghast Türme

—

6. Welche Bedeutung hat die Zahl 32 im Nether?

○ Die Größe des Nethers im Verhältnis zur Oberwelt beträgt 32 zu 1.

○ Ghasts sind ab einer Entfernung von 32 Blöcken zu erkennen.

○ Jede Nether Festung hat 32 Lohe Spawners

○ Leerer Raum unter Schicht 32 ist mit Lava gefüllt.

—

7. Wie viele verschiedene Kreaturen gibt es im Nether?

○ 2

○ 4

○ 8

○ 6

8. Wie nennt man das Licht im Nether?

○ Dark Stone

○ Gelbes Licht

○ Glowstone

○ Höllenlicht

9. Welche Kreatur kann den größten Schaden verursachen?

○ Lohe und Magma Cube?

○ Zombie Pigman

○ Wither Skelett

○ Ghast

Neues aus der Gruft

10. Welches Monster brennt, wenn es dem Sonnenlicht ausgesetzt ist und greift ohne extra Waffe an?

○ Ghast

○ Zombie

○ Creeper

○ Skeleton

---

11. Welche Waffe trägt ein Skelett normalerweise?

○ Bogen

○ Schwert

○ Kanone

○ Steinschleuder

---

12. Welche Kreatur greift die Skelette bei jeder Gelegenheit an?

○ Creeper

○ Ozelot

○ Wolf

○ Eisen Golem

—

13. Was passiert wenn ein Skelett ein Creeper tötet?

○ Der Creeper explodiert mit einer noch größeren Explosion

○ Der Crepper lässt 5 Schießpulver fallen

○ Der Creeper lässt eine Musik-Disk fallen

○ Nichts besonderes

14. Welche der folgenden Dinge schädigt ein Skelett NICHT?

O Verrottetes Fleisch

O Trank der Heilung

O Trank des Schadens

O Feuer

15. Zombies greifen diese Kreaturen an, ohne provoziert worden zu sein und brechen sogar Türen auf um zu ihnen zu kommen? Welche Kreaturen sind gemeint?

O Schafe

○ Enderman

○ Hühner

○ Dorfbewohner

—

16. Wie können Zombie Dorfbewohner geheilt werden?

○ Bewerfe sie mit einem Trank der Kraft III+

○ Füttere sie mit 5 Mal mit verrottetem Fleisch

○ Bewerfe sie mit einem Trunk der Schwäche und füttere sie mit einem goldenen Apfel.

○ Sie können gar nicht geheilt werden

17. Zombies lassen verrottetes Fleisch fallen und dieses kann gegessen werden. Aber es gibt ein 80%ige Chance, dass…?

○ man dabei explodiert

○ man dadurch getötet wird

○ man dadurch vergiftet wird

○ gar nichts passiert

—

18. Unter welcher der folgenden Umstände verbrennen Zombies nicht im Tageslicht?

○ Wenn sie in Soul Sand stehen

○ Wenn sie in Spinnennetzen gefangen sind

○ Wenn sie einen Trunk für Feuerwiderstand getrunken haben

○ Wenn sie innerhalb von 4 Blöcken eines Ozean Bioms stehen

—

Abgedreht im Gameplay

19. Wenn du zweimal schnell die ‚vorwärts'-Taste drückst, was passiert dann?

○ Du springst

○ Du duckst dich

○ Du drehst dich sofort um

○ Du sprintest

20. Wie lange hast du Zeit, deine durch deinen Tod fallengelassenen Gegenstände zu erreichen, bevor sie verschwinden?

○ Eine Minute

○ Zehn Minuten

○ Solange wie du brauchst

○ Fünf Minuten

21. Welche Materialien brauchst du um ein Bett zu machen?

○ Holzbretter und Federn

○ Federn und Eisen

○ Sand und Blätter

○ Holzbretter und Wolle

—

22. Wenn die Hungeranzeige auf 0 fällt, wie viele Herzen verliert man im easy Modus?

○ Zehn Herzen

○ Zwei und ein Halbes

○ Fünf Herzen

○ Sieben und ein Halbes

—

23. Warum ist es keine gute Idee direkt nach unten zu graben?

○ Wenn es regnet, füllt sich das Loch mit Regenwasser und du ertrinkst

○ Die im Untergrund lebenden Maulwurf-Ghasts könnten dich erwischen und töten

○ Creepers oder Zombies könnten in das Loch auf dich fallen und dich angreifen.

○ Es könnte sein, dass du zu Tode fällst.

—

24. Welcher der folgenden Blöcke kann nur im Creative Modus gebrochen werden?

○ Lehmblock

○ Sandstein

○ Bedrock

○ Obsidian

—

25. Welches der folgenden Rezepte kann einen Kompass erschaffen?

○ Eisen Blöcke um Redstone herum

○ Eisen Blöcke um eine Redstone Fackel

○ Redstone in der Mitte mit vier Gold Blöcke darum herum

○ Redstone in der Mitte mit vier Eisen Blöcke darum herum

—

26. Die Herstellung von drei Leitern benötigt dieselbe Menge von Holzbrettern wie die Herstellung von welcher der folgenden Dinge?

○ Holztür

○ Holzstufen

○ Werkbank

○ Holztruhe (klein)

—

27. Wieviel Minuten im wirklichen Leben dauert eine Minecraft Woche, ausgenommen Sonnenaufgang und Sonnenuntergang?

○ 115 Minuten: 1 Stunde 55 Minuten

○ 136 Minuten: 2 Stunden 16 Minuten

○ 119 Minuten: 1 Stunde 59 Minuten

○ 129 Minuten: 2 Stunden 9 Minuten

—

Es war einmal im Minecraftland

28. Wie lautete der erste Name für Minecraft, nach der Versuchsphase ‚Cave Game'?

○ ‚Minecraft: Cave of Adventure'

○ ‚Minecraft: Blockworld'

○ ‚Minecraft: Sandbox'

○ ‚Minecraft: Order of the Stone'

—

29. Welches war die letzte Version von Minecraft wo es nur ein Game Modus gab?

○ Beta 1.9

○ Classic

○ Beta 1.7

○ Alpha 1.3

---

30. Der Standard Skin der in Version 1.8.0 hinzugefügt wurde heißt Alex.

○ Wahr

○ Falsch

31. In welchem Jahr begann die Entwicklung von Minecraft?

O 2009

O 2010

O 2007

O 1998

---

32. Welches der im Folgenden aufgelisteten Dinge gab es nicht in der ‚Indev' Version von Minecraft?

O Gemälde

O Lava

O Dritte-Person Sicht

O Kühe

33. Was hat einmal existiert?

○ Ein Himmel (religiös gemeint)

○ Mond Biom

○ Nano Spielmodus

○ Ferne Länder

34. Welches der folgenden Unternehmen entwickelte und erschuf Minecraft?

○ Valve

○ Id

○ Mojang

○ Brickstone

—

35. Wie heißt C418 im wirklichen Leben (Komponist der Lieder)?

○ Andy Roddick

○ Andrew Blake

○ Daniel Rosenberg

○ Patrick Bluecastle

—

36. Welches war die große Ankündigung von Minecraft im September 2014?

- Jeder Spieler hat einen kleinen Kuchen in Form eines Creeper Kopfes erhalten (lecker!)

- Minecraft wurde von Microsoft gekauft

- Eine 3D Roboterversion von Steve wurde veröffentlicht

- Einweihung des Minecraft Vergnügungsparks in Florida

—

Minecraft Geheimnisse gelüftet

37. Was brauchst du, um in den Genuss der letzten, noch in Arbeit befindlichen Upgrades für Minecraft zu kommen?

○ Bildschirmfotos

○ Lizenzaufkleber

○ Produktschlüssel

○ Expertenwissen

—

38. Was ist der Story Mode?

○ Eine Freischaltung, so dass die Dorfbewohner dir Geschichten erzählen können

○ Eine Spielversion in welcher deine Chattexte aus Minecraft direkt an deine WhatsApp Gruppen weitergesendet werden

○ Ein Abenteuerspiel in Minecraft von Telltale Games

39. Welches ist das Hauptziel von Minecraft?

○ Zum Grund der Welt zu buddeln

○ Mit jedem verfügbaren Baustein einmal etwas gebaut zu haben

○ Den Ender Drachen zu töten

○ Die Minecraft Welt zu fluten

40. Wie ist die Farbe des Standard Spieler Skins (Oberteil)?

○ Lila

○ Rot

○ Blau

○ Grün

—

41. Welche der folgenden Kreaturen existieren nicht in Minecraft?

○ Zombie Pigman

○ Menschen

○ Schleim

○ Endermilbe

—

42. Welcher Spielmodus gibt dir die Fähigkeit zu fliegen, unbegrenzt Gesundheit und die Fähigkeit Dinge

aus dem Nichts heraus spawnen zu lassen?

○ Free Mode

○ Test Mode

○ Creative Mode

○ Adventure Mode

—

43. Welches der folgenden Wetterarten bzw. -phänomene gibt es in Minecraft nicht?

○ Schnee

○ Regen

○ Blitz

○ Hagel

44. Welches der folgenden Tiere gibt es in Minecraft nicht?

○ Fledermaus

○ Schwein

○ Kuh

○ Ziege

45. Wie viele Luftblasen hast du bevor du ertrinkst?

○ 8

○ 12

○ 10

○ 15

-

Wir craften...Stein auf Stein

46. Welche Blöcke unterliegen der Schwerkraft?

○ Erde, Blätter, Schnee, Stein

○ Kristall, Cobblestone, Erde, Holz

○ Gravel, Lava, Sand, Wasser

-

47. Wie werden die Grundeinheiten der meisten Materialien und des Geländes in Minecraft genannt?

○ Steine

○ Quadrate

○ Blöcke

○ Kästen

—

48. Du gräbst nach Bodenschätzen tiefer und tiefer. Dann triffst du auf eine Blockart, an welche du nicht vorbeikommst? Was ist das für ein Block?

○ Glowstone

○ Gravel

○ Obsidian

○ Bedrock

49. Wie viele Blöcke von Eisenerz brauchst du, um einen Eisenbarren herzustellen?

○ 2

○ 4

○ 8

○ 1

—

50. Welches der folgenden Blöcke kann nicht für die Herstellung einer Spitzhacke genutzt werden?

○ Stein

○ Gold

○ Obsidian

○ Eisen

51. Welche zwei Materialien werden erzeugt, wenn Lava und Wasser gemischt werden?

○ Obsidian und Eisen

○ Obsidian und Redstone

○ Obsidian und Stein

○ Obsidian und Cobblestone

52. Welches ist die maximale Stapelhöhe von Blöcken?

○ 100

○ 126

○ 512

○ 256

—

53. Welches sind die vier unzerbrechlichen Blockarten (keine Flüssigkeiten) im Survival Modus?

○ Bedrock, Diamond, Obsidian, Redstone

○ Bedrock, Diamond, Obsidian, End portal Rahmen

○ Erde, Grass, Wolle, Gemälde

○ Bedrock, End Portal, End Portal Rahmen

—

54. Woher kommt Feuerstein?

○ Obsidian

○ Lava

○ Eisen

○ Gravel

—

Monstermäßig gut drauf

55. Welches sind die am feindlich gesinntesten Monster in Minecraft?

○ Ghast, Lohe, Silberfisch und Zombie Pigman

○ Bär, Wolf, Haie und Krokodile

○ Spinne, Lohe, Zombie und Enderman

○ Creeper, Zombie, Skelett, Spinne und Enderman

—

56. Welcher der folgenden Kreaturen kann ein negativen Effekt auf den Spieler verursachen (wie z.B. Vergiftung oder Übelkeit) wenn diese angreift?

○ Lohe, Wither, Wither Skelett

○ Zombie, Höhlenspinne, Spinne

○ Lohe, Creeper, Höhlenspinne

○ Höhlenspinne, Wither Skelett, Wither

—

57. Welche von den folgenden feindlich gesinnten Kreaturen können alle fliegen?

○ Ender Drachen, Wither, Wither Skelett, Enderman

○ Creeper, Spinne, Skelett, Zombie

○ Ender Drachen, Wither, Lohe, Ghast

○ Lohe, Ghast, Wither, Höhlenspinne

—

58. Welches der folgenden Kreaturen kommt nicht in Minecraft vor?

○ Schnee Golem

○ Silberfisch

○ Eisen Golem

○ Zombie Golem

—

59. Wie viele Gesundheitsherzen hat ein Big bzw. großer Schleim?

○ 16

○ 7

○ 15

○ 20

—

60. Welches waren die beiden ersten Kreaturen die zum Spiel hinzugefügt wurden?

○ Creeper und Spinne

○ Schwein und Schaf

○ Zombie und Schwein

○ Skelett und Zombie

—

61. Welche der folgenden Kreaturen ist nicht passiv?

○ Huhn

○ Skelett

○ Kuh

○ Schwein

—

62. Welches der folgenden Kreaturen hat die am meisten unterschiedlichen Skins?

O Zombie

O Pferd

O Hase

O Ozelot

—

63. Es gibt fünf feindliche Kreaturen in der Oberwelt?

O Wahr

O Falsch

Enderman macht Männchen

64. Warum solltest du keinen Augenkontakt mit Enderman haben?

O Weil er scheu ist

O Weil er dich dann sofort angreift

O Weil er dich dann sofort in den nächsten Lavasee teleportiert

—

65. Welche der folgenden Blöcke kann Enderman nicht aufheben?

O Erde

O Sand

O Schnee

O Gravel

66. In welcher Dimension spawnt Enderman gewöhnlich?

○ In der Oberwelt

○ Im End

○ Im Nether

○ In der vierten Dimension

67. Was lässt Enderman fallen wenn du ihn tötest?

○ Drachen Ei

○ Musik Disk

○ Obsidian

○ Ender Pearls

—

68. Nur eine Kreatur hat mehr Gesundheit als Enderman. Welche?

○ Lohe

○ Eisen Golem

○ Schnee Golem

○ Charged Creeper

—

69. Wie tief (Anzahl Blöcke) muss Enderman fallen, damit er stirbt?

○ 44

○ 24

○ 154

—

70. Du befindest dich in der Oberwelt und wirfst einen Unsichtbarkeits Trank auf Enderman. Welcher Teil von Enderman ist weiterhin sichtbar?

○ Seine Beine

○ Seine Arme

○ Sein Kopf

○ Seine Augen

—

71. Was musst du tragen, damit Enderman nicht feindselig gegen dich wird, wenn du ihn anschaust?

○ Eine ausgehöhlte Melone

○ Eine Maske (spezieller Schutzskin)

○ Einen Schutzhelm aus Eisen

○ Einen ausgehöhlten Kürbis

—

72. Wer ist der Anführer von Ennderman?

○ Steve natürlich

○ Wither

○ Herobrine

○ Ender Drachen

—

Wither! Drei Bosse in einem!

73. Wenn du von einem Wither Skelett geschlagen wirst, dann wirst du feststellen, dass deine Herzen schwarz werden und du anfängst Gesundheit zu verlieren. Wie nennt man diesen Effekt?

○ Krank sein

○ Wither-Schwächung

○ Vergiftung

○ Wither

-

74. Abgesehen vom Wither Skelett brauchst du welchen Block um den Wither spawnen zu lassen?

○ Schwarze Wolle

○ Nether Smaragde

○ Charged Obsidian

○ Seelensand

—

75. Wieviel Gesundheit hat ein Wither?

○ 300

○ 350

○ 500

—

76. Der blaue Wither Skull kann welchen Block zerstören?

○ Gravel

○ Bedrock

○ Glowstone

○ Obsidian

—

77. Wie viel Erfahrungspunkte erhältst du, wenn du den Wither getötet hast?

○ 550

○ 250

○ 50

○ 150

—

78. Der Wither ist eine untote Kreatur?

○ Wahr

○ Falsch

—

79. Wither Skelette sind feuerresistent?

○ Wahr

○ Falsch

—

80. nachdem die Gesundheit vom Wither halbiert ist, umgeben ihn weiße Streifen? Wie werden diese Streifen genannt?

○ Wither Streifen

○ Wither Waffe

○ Wither Rüstung

○ Wither Energie

—

81. Welche Kreatur musst du töten um die Dinge zu erhalten um den Wither spawnen zu lassen?

○ Lohe

○ Enderman

○ Ghast

○ Wither Skelett

—

Erst craften dann essen

82. Wie viele Eier Braucht man um einen Kuchen zu craften?

○ 1

○ 2

○ 3

○ 4

---

83. Welches sind die Hauptwerkzeuge in Minecraft?

○ Deine Hände

○ Dein Gehirn

○ Spitzhacke, Schwert, Schaufel und Axt

84. Welches der folgenden Essen füllt dich am meisten im Spiel?

O Ein Steak (Kuhfleisch)

O Ein ganzer Kuchen

O Eine Portion Schweinefleisch

O Ein großes Brot (aus Weizen gecraftet)

—

85. Welches Werkzeug musst du nutzen, wenn du dich durch Steine arbeiten und Erze schürfen möchtest?

O Schaufel

O Gesteinshammer

○ TNT

○ Spitzhacke

—

86. Welche Spitzhacke kann nicht zum Schürfen seines eigenen Erzes/Blocks verwendet werden?

○ Diamant

○ Eisen

○ Gold

—

87. Welche der folgenden Nahrungsmittel ist in seinem rohen Zustand nicht essbar?

○ Weizen

○ Kartoffeln

○ Zombie Fleisch

—

88. Wann hilft es dir Milch zu trinken?

○ Erhöhung der Gesundheitsanzeige

○ Verbessern der Rüstung

○ Bei Vergiftung

○ Zum schnellerem Laufen

—

89. Wo wächst die Zuckerpflanze am besten?

○ Auf jeden Block der sich nahe am Wasser befindet

○ Nur in der Wüste

○ Auf einem Sandblock neben dem Wasser

—

90. Welches Essen gibt dir zwei extra Herzen und regeneriert deine Gesundheit?

○ Apfel

○ Kuchen

○ Milch

○ Goldener Apfel

—

Jede richtige Antwort gibt <u>einen Punkt</u>

Lösungen:

1.) 7 Blöcke weit 2.) Nether Portale würden das Rechteck füllen 3.) 10 4.) Ghast 5.) Nether Festung 6.) Leerer Raum unter Schicht 32 ist mit Lava gefüllt 7.) 6 8.) Glowstone 9.) Ghast 10.) Zombie 11.) Bogen 12.) Wolf 13.) Der Creeper lässt eine Musik-Disk fallen 14.) Trank des Schadens 15.) Dorfbewohner 16.) Bewerfe sie mit einem Trunk der Schwäche und füttere sie mit einem goldenen Apfel 17.) man dadurch vergiftet wird 18.) Wenn sie innerhalb von 4 Blöcken eines Ozean Bioms stehen 19.) Du sprintest 20.) Fünf Minuten 21.) Holzbretter und Wolle 22.) Fünf Herzen 23.) Es könnte sein, dass du zu Tode fällst 24.) Bedrock 25.) Redstone in der Mitte mit vier Eisen Blöcke darum herum 26.) Werkbank 27.) 119 Minuten: 1 Stunde 59 Minuten 28.) ‚Minecraft: Order of the Stone' 29.) Beta 1.7 30.) Falsch 31.) 2009 32.) Kühe 33.) Ferne Länder 34.) Mojang 35.) Daniel Rosenberg 36.) Minecraft wurde von Microsoft gekauft 37.) Bildschirmfotos 38.) Ein Abenteuerspiel in Minecraft von Telltale Games 39.) Den Ender Dragon zu töten 40.) Blau 41.) Menschen 42.) Creative Mode 43.) Hagel 44.) Ziege 45.) 10 46.) Gravel, Lava, Sand, Wasser 47.) Blöcke 48.) Bedrock 49.) 1 50.) Obsidian 51.) Obsidian und Cobblestone 52.) 256 53.) Bedrock, End Portal, End Portal Rahmen 54.) Gravel 55.)

Creeper, Zombie, Skelett, Spinne und Enderman 56.) Höhlenspinne, Wither Skelett, Wither 57.) Ender Dragon, Wither, Blaze, Ghast 58.) Zombie Golem 59.) 16 60.) Skelett und Zombie 61.) Skelett 62.) Hase 63.) Falsch 64.) Weil er dich dann sofort angreift 65.) Schnee 66.) Im End 67.) Ender Pearls 68.) Eisen Golem 69.) 44 70.) Seine Augen 71.) Einen ausgehöhlten Kürbis 72.) Ender Drache 73.) Wither 74.) Seelensand 75.) 300 76.) Obsidian 77.) 50 78.) Wahr 79.) Wahr 80.) Wither Rüstung 81.) Wither Skelett 82.) 1 83.) Spitzhacke, Schwert, Schaufel und Axt 84.) Ein ganzer Kuchen 85.) Spitzhacke 86.) Gold 87.) Weizen 88.) Bei Vergiftung 89.) Auf einem Sandblock neben dem Wasser 90.) Goldener Apfel

Zähle deine Punkte zusammen:

Bis 29 Punkte:

→ Anfänger

30 bis 59 Punkte:

→ Fortgeschrittener

60 bis 79 Punkte:

→ Experte

80 und mehr Punkte:

→ Top Minecraft Experte

Aus der FUNCRAFT-Reihe gibt es viele weitere Bücher z.B. Rätselbücher, Witzebücher, Romane oder Ausmalbücher für Minecraft Fans.

Du findest sie leicht, indem Du „Funcraft" als Suchbegriff in deinem Webstore eingibst.

Darüber hinaus gibt es von Theo von Taane weit mehr als 200 Witzebücher, Notizbücher, Romane, Spiele, Tools, Sportbücher und Kalender zu unterschiedlichen Themen.

Um sich diese anzeigen zu lassen einfach nach „Taane" im Store suchen.

Viel Spaß!